BEI GRIN MACHT SICH IHR WISSEN BEZAHLT

AF151550

- Wir veröffentlichen Ihre Hausarbeit,
  Bachelor- und Masterarbeit

- Ihr eigenes eBook und Buch -
  weltweit in allen wichtigen Shops

- Verdienen Sie an jedem Verkauf

Jetzt bei www.GRIN.com hochladen und kostenlos publizieren

Florian Beer

Das moralische Urteil beim Kinde nach Piaget: Zwang der Erwachsenen und moralischer Realismus

GRIN Verlag

Bibliografische Information der Deutschen Nationalbibliothek:

Die Deutsche Bibliothek verzeichnet diese Publikation in der Deutschen National-bibliografie; detaillierte bibliografische Daten sind im Internet über http://dnb.d-nb.de/ abrufbar.

Impressum:

Copyright © 2005 GRIN Verlag GmbH
Druck und Bindung: Books on Demand GmbH, Norderstedt Germany
ISBN: 978-3-638-86436-7

Dieses Buch bei GRIN:

http://www.grin.com/de/e-book/74328/das-moralische-urteil-beim-kinde-nach-piaget-zwang-der-erwachsenen-und

GRIN - Your knowledge has value

Der GRIN Verlag publiziert seit 1998 wissenschaftliche Arbeiten von Studenten, Hochschullehrern und anderen Akademikern als eBook und gedrucktes Buch. Die Verlagswebsite www.grin.com ist die ideale Plattform zur Veröffentlichung von Hausarbeiten, Abschlussarbeiten, wissenschaftlichen Aufsätzen, Dissertationen und Fachbüchern.

Besuchen Sie uns im Internet:

http://www.grin.com/

http://www.facebook.com/grincom

http://www.twitter.com/grin_com

Universität Bielefeld

Fakultät für Pädagogik

WS 2004/2005

Seminar:

Unterrichtspsychologie – Piagets Theorie für die Schule

Referent: Florian Beer

Das moralische Urteil beim Kinde nach Piaget:

Zwang der Erwachsenen und moralischer Realismus

I. Die Spielregeln

Am Beispiel des Murmelspiels werden zwei verschiedene Erscheinungen von Regeln untersucht: Die Praxis der Regel und das Regelbewusstsein.

Die vier Stufen der Praxis der Regel

Motorisches/individuelles Stadium (0-3 Jahre)

Murmelspiel verläuft nach selbst erdachten Regeln. Beispiel: Murmel immer wieder fallen lassen.

Egozentrisches Stadium (ab 2-5 Jahren)

Bestimmt durch die Unfähigkeit, die Perspektive eines anderen einzunehmen. Regeln werden nachgeahmt, es wird aber immer noch alleine gespielt. Beispiel: Jeder kann gleichzeitig Gewinner sein; die Kinder spielen, jedes für sich selbst, nach eigenen Regeln. Zwischenstadium zwischen rein individuellem und vergesellschaftetem Verhalten.

Stadium der beginnenden Zusammenarbeit (ab 7-8 Jahren)

Einheitliche Spielregeln, weil jeder nun versucht, den anderen zu besiegen. Es herrschen noch widersprüchliche Aussagen zu den Regeln, die Kinder sind aber in der Lage sich zu einigen.

Stadium der Kodifizierung der Regeln (ab 11-12 Jahren)

Allen Mitspielern sind die Regeln bekannt. Die Regeln bestimmen die einzelnen Spielpartien peinlich genau. Es herrscht ein „Interesse für die Sache als solche".

Die Drei Stufen des Regelbewusstseins

kommen in gewisser zeitlicher Verzögerung zu Stadien der Praxis der Regel auf.

Individuelle Riten (bis 5 Jahre)

Individuelle und soziale Normen werden noch nicht unterschieden. Es besteht keine soziale Verpflichtung zur Einhaltung von Regeln; Kinder geben sich selbst Schemata für ihre Handlungen. Beispiel: Kind legt Murmel immer wieder irgendwo hin.

<u>Heiligkeit/Unantastbarkeit der Regeln (bis 10 Jahre)</u>

Allmähliches Erkennen des sozialen Ursprungs von Regeln, Regeln werden auf Festlegung durch Autoritäten zurückgeführt. Das Kind macht in der Anwendung der Regeln was es will. Trotzdem behauptet es, dass die Regeln schon immer so gewesen seien. Bewusstsein und Verhalten liegen hier weit auseinander.

<u>Autonomes Regelverständnis. (10-15 Jahre)</u>

Demokratie. Regeln werden nicht mehr als ein von außen kommendes Gesetz, sondern als das Ergebnis eines auf Gegenseitigkeit beruhenden Entschlusses aufgefasst. Regeln können gemeinschaftlich verändert werden.

2. Zwang der Erwachsenen und moralischer Realismus

Charakterzüge des moralischen Realismus

- Die Pflicht ist heteronom: Jede Handlung ist gut, welche vom Gehorsam der Regeln/der Erwachsenen gegenüber zeugt, jede nicht den Regeln entsprechende Handlung ist schlecht. Es kommt nicht auf den Inhalt der Regeln an, sie werden nicht durch das Bewusstsein beurteilt oder ausgelegt. Sie sind statt dessen „in fertiger Form von außen her ins Bewusstsein getragen" und werden als durch den Erwachsenen offenbart und von ihm aufgezwungen betrachtet. Das Gute wird demnach ausschließlich durch den Gehorsam definiert.
- Die Regel muss wörtlich und nicht dem Geiste nach befolgt werden. Diese Eigenschaft ist Folge der vorigen.
- Der Moralische Realismus bringt eine objektive Auffassung der Verantwortung mit sich und ist besonders an diesem Merkmal zu erkennen. Indem das Kind die Regel wörtlich versteht und das Gute nur durch den Gehorsam definiert, wird es anfänglich die Handlungen nicht aufgrund der Absicht, sondern auf Grund ihrer materiellen Übereinstimmung mit den vorgeschriebenen Regeln einschätzen.

Objektive und subjektive Verantwortlichkeit

Kennzeichen der objektiven Verantwortlichkeit ist, dass eine Handlung nicht nach der hinter ihr stehenden Absicht, sondern nach ihrer buchstäblichen Übereinstimmung mit der Regel beurteilt wird. Urteile, die auf die subjektive Verantwortlichkeit gegründet sind, ergeben sich hingegen durch eine vorrangige Berücksichtigung der Absicht bei der Beurteilung einer Handlung.

Heteronomie und Autonomie

Beim Kind sind zwei verschiedene Typen der Moral vorhanden zu sein: Heteronome und autonome Moral. Diese Typen lassen sich auf Bildungsprozesse zurückführen, die aufeinander folgen.

Heteronome Moral beruht auf dem Zwang der Erwachsenen und bewirkt den moralischen Realismus (Die Pflichten sind unabhängig vom Bewusstsein; Jede Handlung aus Gehorsam gegenüber einer Regel ist gut).

Autonome Moral beruht auf Zusammenarbeit und Kooperation der Kinder. (Die Pflichten haben sich verinnerlicht und werden durch das persönliche autonome Bewusstsein reflektiert. Sie werden als Übereinkunft, als gegenseitige Vereinbarung betrachtet.)

Zwischen den beiden kann man ein Stadium der Verinnerlichung und Verallgemeinerung der Regeln und Weisungen unterscheiden. Das Kind gehorcht nicht mehr lediglich den Befehlen der Erwachsenen, sondern der Regel selbst, welche verallgemeinert und in selbständiger Weise angewendet wird, wobei die Entwicklung in die Richtung der Autonomie des Gewissens noch nicht voll verwirklicht ist. Die Regel ist immer noch von außen aufgezwungen, ohne als Ergebnis des Bewusstseins selbst zu erscheinen.

Literatur

Jean Piaget (1973). Das moralische Urteil beim Kinde. Frankfurt/Main: Suhrkamp (stw 27)

Vortrag

Lassen sich die Ergebnisse der Untersuchung über das Murmelspiel für eine Untersuchung der kindlichen Moralentwicklung nutzbar machen?

Vorgehen: zunächst methodische Schwierigkeiten beleuchten, dann auf moralischen Realismus des Kindes eingehen und hier versuchen, den Stellenwert des Zwanges der Erwachsenen herauszuarbeiten. Danach den Übergang von Zwang und einseitiger Achtung zur Zusammenarbeit und gegenseitiger Achtung beleuchten. Zum Schluss auf diese Weise zwei Typen der kindlichen Moral herauszuarbeiten.

I. Die Methode

Während auf intellektuellem Gebiet die Befragung trotz einiger method. Schwierigkeiten relativ einfach ist, kann sie sich auf moralischem Gebiet nur auf gewissermaßen mittelbare Realitäten erstrecken. (Man kann Kind zu Überlegungen zu einem logischen Problem bringen und hat so mit aktivem Denken des Kindes zu tun. Dagegen kann man Kind nicht bewegen, sein moralisches Verhalten zu zergliedern.

Hinsichtlich der moralischen Regeln ist also keine unmittelbare Befragung möglich. Daher Beschränkung darauf, nicht die Handlung als solche, sondern das moralische Werturteil zu studieren.

Hier weitere Schwierigkeit: Verhaltensweisen, die wir dem Kinde zur Beurteilung vorlegen, können wir es nicht einmal konkret erfassen lassen (wie z. B. Murmeln). Wir können sie nur mittels einer Geschichte beschreiben: Methode wird also sehr indirekt sein.

Problem: Hat die Erzählung des Kindes darüber, was es von Handlungen denkt, noch irgendeinen Bezug zur kindlichen Moral? Sind die bei den Befragungen gefällten Werturteile mit den Einschätzungen des wirklichen moralischen Denkens identisch?

Dass eine Beziehung zwischen Handlung und Theorie des Kindes besteht hat sich in Beobachtung über Murmelspiel gezeigt: egozentrische Anwendung der Regel (Gefühl der

Achtung für den Älteren) entspricht theoretischem Urteil, das die Regel zu mystischer/transzendenter Wirklichkeit macht (wobei das theoret. Urteil nicht der Handlung entspricht); rationale Praxis der Regel (gegenseitige Achtung) entspricht theoretischem Urteil, das der Regel völlig autonomen Charakter zuschreibt.

Somit Hypothese aufstellen, dass das sprachliche / theoretische Urteil des Kindes in groben Zügen den konkreten praktischen Urteilen entspricht, die das Kind in seinen Handlungen bereits während der vorangehenden Jahre gefällt hatte. (...)

wie bei der Sprache (...) besteht zwischen theoretischem Urteil und konkreter Schätzung des Kindes ein „Abstand", (das theoretische Urteil entsteht aus einer entsprechenden und fortschreitenden Bewusstwerdung der konkreten Schätzungen).
Bsp.: Kinder die auf sprachlicher Ebene bei Einschätzung der Handlung die Absicht nicht berücksichtigen (objektive Verantwortung), die jedoch bei Rekonstruktion wirklich erlebter Umstände den Absichten völlig Rechnung tragen.

Also ist es möglich, durch die Analyse der theoretischen/sprachlichen Urteile des Kindes auf die Entwicklung seines moralischen Handelns zu schließen.

Zudem: Mit den Kindern so reden, wie sie untereinander Reden, sonst wird Prüfung der moralischen Wertungen zur Prüfung der Intelligenz oder des sprachlichen Verständnisses.

Ein Problem bleibt: Würde das Kind die Situationen genauso beurteilen, wenn es Zeuge wäre? „Wir glauben es nicht.": Im konkreten Sehen hat das Kind nicht mit isolierten Handlungen zu tun, sondern mit Personen, die es anziehen oder abstoßen, es erfasst Absichten durch Intuition und kann hiervon nicht abstrahieren.

Ergebnisse der Methode: verhältnismäßig konstant, Entwicklung weist gewisse altersbedingte Regelmäßigkeit auf.

II.: Ergebnisse:

zeigt sich, dass wie bei Spielregeln die ersten Formen des Pflichtbewusstseins beim Kinde im wesentlichen heteronom sind (fremdbestimmt).

Das Kind verleiht den mehr oder weniger von außen empfangenen Regeln einen buchstäblichen und absoluten Charakter – hier besteht Ähnlichkeit zu seinen Verhaltensweisen hinsichtlich der Sprache/der ihm von Erw. aufgelegten intellektuellen Begebenheiten. Diese Analogie zunutze machen und von MORALISCHEM REALISMUS sprechen. (entspricht auf Ebene der Werturteile dem nominellem Realismus, auf Ebene der theoret. Vernunft dem Begriffsrealismus/Verbalismus)

Moralischer Realismus hat daher mindestens 3 Charakterzüge:

1.: Die Pflicht ist heteronom: Jede Handlung ist gut, welche vom Gehorsam der Regeln/der Erwachsenen gegenüber zeugt, jede nicht den Regeln entsprechende Handlung ist schlecht. Es kommt nicht auf Inhalt der Regeln an, die Regeln sind nicht durch das Bewusstsein ausgearbeitet, noch durch es beurteilt oder ausgelegt. Sie sind statt dessen „in fertiger Form von außen her ins Bewusstsein getragen" und werden als durch den Erwachsenen offenbart und von ihm aufgezwungen betrachtet. Das Gute wird demnach ausschließlich durch den Gehorsam definiert.

2.: Die Regel muss wörtlich und nicht dem Geiste nach befolgt werden. Diese Eigenschaft ist Folge der vorigen. (Realismus des Buchstabens).

3.: Der Moralische Realismus bringt eine objektive Auffassung der Verantwortung mit sich und ist besonders an diesem Merkmal zu erkennen. Indem das Kind die Regel wörtlich versteht und das Gute nur durch den Gehorsam definiert, wird es anfänglich die Handlungen nicht aufgrund der Absicht, sondern auf Grund ihrer materiellen Übereinstimmung mit den vorgeschriebenen Regeln einschätzen: diese Erscheinung wird mit objektiver Verantwortlichkeit bezeichnet.

Nun soll untersucht werden, wie weit dieser moralische Realismus geht und in welchem Maß der Zwang der Erwachsenen im Kinde die Erscheinung der objektiven Verantwortlichkeit erzeugt.

durch Tests zu 1. Ungeschicklichkeit, 2. Diebstahl und 3. Lüge.

Ungeschicklichkeiten und Diebstahl

Versucht, die Kinder in Erzählungen zwei Arten von Ungeschicklichkeiten vergleichen zu lassen. 1: gute Absicht, zufällig, beträchtlicher Schaden; 2: schlechte Absicht, kleiner Schaden.

I. A.: Hans, hinter der Tür Stuhl, Tablett mit 15 Tassen

I. B.: Heinz: unerlaubt Marmelade naschen, 1 Tasse

II. A.: Julius, Tintenfass, Spiel, kleiner Klecks

II. B.: August, ´´ , Gefallen, großer Klecks

III. A. Marie, Schere, Überraschung, großes Loch

III. B. Grete, Schere, Spiel, kleines Loch

Diebstahl

IV. A. Alfred, armer Kamerad, Brötchen

IV. B. Henriette, Band, um sich zu schmücken

V. A. Albertine, Vogel fliegen lassen, Käfig versteckt

V. B. Juliette, Bonbons gestohlen und heimlich gegessen

Zwei Fragen:

1. Sind diese Kinder in gleicher Weise schuldig? („gleich schlimm") Oder ist eines schuldiger als das andere?

2. Welches von beiden ist schlimmer und warum?

Antworten bis 10 Jahre in zwei Gruppen: objektive und subjektive Verantwortlichkeit: objektive V.: Handlungen werden nach materiellem Ergebnis gewertet – Schnitt von 7 Jahren, subjektive Verantwortlichkeit: Allein die Absicht zählt – Schnitt von 9 Jahren.

Beim Diebstahl ebenfalls zwei Antworttypen – Unterscheidung hinsichtlich des Alters hier einfacher als bei Ungeschicklichkeiten (bei über 7jährigen kein Fall objekt. Verantwortlichkeit)

Untersuchung der Lüge (wo Berücksichtigung materiellen Schadens ausgeschlossen ist) zeigt, dass die Urteile des Kindes wirklich auf die objektive Verantwortlichkeit gegründet sind. (und das Kind nicht etwa im Stillen eine Unterscheidung zwischen Moral und Sanktion trifft)

Die Lüge

Lüge stellt dem Kind schwereres Problem als Ungeschicklichkeit oder Stehlen, da die Neigung zur Lüge eine ganz natürliche ist. Lüge liegt dem egozentrischen Denken des Kindes zugrunde. Das Bedürfnis, die Wahrheit zu sagen und sogar für sich selbst zu suchen, nur dann begreiflich, wenn Individuum in Bezug auf eine Gesellschaft denkt und handelt, und zwar in Bezug auf eine Gesellschaft der gegenseitigen Achtung (Zwangsverhältnis verleitet zur Lüge)

Erst in dem Maße, als das eigene Denken mit demjenigen des anderen zusammentrifft, wird die Wahrheit in den Augen des Kindes an Wert gewinnen und zur moralischen Forderung werden. Überall da, wo das Denken (186) kein tatsächliches Bedürfnis nach Akkomodation an das Wirkliche empfindet, wird seine natürliche Neigung es dazu treiben, die Dinge dem Wunsch und der Phantasie gemäß zu entstellen, kurz: sich mit Hilfe der Dinge zu befriedigen.

Solange das Kind egozentrisch bleibt, kann es die Wahrheit als solche nicht interessieren und in der Entstellung der Wirklichkeit durch seine Wünsche nichts schlimmes sehen. Kind wird durch Struktur seines spontanen Denkens selbst fast zur Lüge geführt.

Durch die Analyse der Aussagen über die Lüge lässt sich also das Zusammentreffens des egozentrischen Verhaltens mit dem vom Erwachsenen ausgeübten moralischen Zwang untersuchen. Kind neigt aufgrund seines unbewussten Egoz. dazu, die Wahrheit durch seine Wünsche zu entstellen und den Wert der Wahrhaftigkeit zu ignorieren. „Das ihm durch den Zwang der Erwachsenen auferlegte Lügenverbot wird ihm daher um so heiliger erscheinen und (...) eine um so objektivere Auslegung erfordern, als sie in Wirklichkeit nicht einem tatsächlichen und inneren Bedürfnis seines Geistes entspricht." Der Zwang der Erwachsenen ist so eine Ursache des moralischen Realismus und der Erscheinung der objektiven Verantwortlichkeit.

Diese Hypothese wird durch die Untersuchungen zur Lüge bestätigt.

Befragung bezieht sich auf 3 Punkte:1) Begriffsbestimmung der Lüge, 2) Verantwortlichkeit aufgrund des Inhalts der Lüge, 3) Verantwortlichkeit in Bezug auf materielle Folgen der Lüge (hierauf wird nicht weiter eingegangen: besondere der Lüge ist, dass untersucht werden kann, wie Kinder über Geschehnisse urteilen, die eben nicht von materiellem Ereignis begleitet werden) .

Zudem 2 Fragen: 4) dürfen sich Kinder gegenseitig belügen, 5) warum darf man nicht lügen.

Erster Teil (Definition Lüge) zeigt: wie sehr das Verbot der Lüge ursprünglich dem Bewusstsein des Kindes äußerlich bleibt.(hässliches Wort, etwas, was man nicht sagen darf) Tendenz des Kindes, die Lüge ganz realistisch und unabhängig von mitspielenden Absichten aufzufassen erst ab 10-11 Jahren ausdrückliche Definition als absichtlich falsche Behauptung – vorhergehende Untersuchung also bestätigt. (vgl. Lüge.doc)

Im zweiten 2. und 3. Teil der Befragung werden wie zuvor Vergleichs-Geschichten genutzt, um herauszufinden, wie die Kinder den Inhalt der Lügen und ihre materiellen Folgen werten.

Es lässt sich erneut eine Unterscheidung zwischen Urteilen objektiver und subjektiver Verantwortlichkeit treffen. (subjektiv: Bewertung nach Zweck der Lüge; objektiv: Grad der Falschheit der Lüge/dem Maß, in dem Erwachsene ihr gewahr werden). Kind beurteilt die Handlungen auf Grund ihrer äußerlichsten Seite, bevor es die Absicht in Rechnung stellt. Es bleibt also zunächst nach der objektiven Verantwortung orientiert, selbst wenn kein materieller Schaden zu berücksichtigen ist.

Sav (7): Lüge ist schlimmer, wenn man nicht dran glauben kann. (Bsp. bis 9 Jahren)
Wid (6 J.) Das mit dem Auto ist schlimmer, weil das Kind mehr (!) lügt: quantitativer Ausdruck, der den Gesichtspunkt der objektiven Verantwortlichkeit betont.

Beleg: Statistik: Durchschnittsalter der Kinder von 7 Jahren für objektive V. und 10 Jahren für subjektive V. – wobei beide Einstellungen können im gleichen Alter und sogar beim selben Kind nebeneinander stehen, sind jed. im Schnitt nicht synchronisch. objektive V. nimmt ab, subjektive zu. teilweise ineinandergreifende Vorgänge, von denen der zweite den ersten allmählich verdrängt.

Fast systematischer moralischer Realismus bei den Kleinen, Vorherrschaft der objekt. Verantwortlichkeit ergibt sich aus Beziehung zwischen Zwang der Erwachsenen und kindlichem Egozentrismus.

Einseitige Achtung für den Erwachsenen zwingt das Kind, die Weisungen anzunehmen, selbst wenn sie nicht sofort in die Praxis umgesetzt werden können. Daher die Äußerlichkeit und buchstäbliche Charakter d. moralischen Urteils.

jedoch zu sehen, dass sich die objektive Verantwortlichkeit dem Kind fast gänzlich auch gegen die Absicht des Erwachsenen aufzwingt. Bei ganz kleinen (Vorschulalter) leicht festzustellen: das Schuldgefühl steht häufig im geraden Verhältnis zum Ausmaß des materiellen Schadens (anstatt Absichten untergeordnet zu sein). Bsp.: Mühe, Kindern Verantwortlichkeit auszureden, wenn sie zufällig etwas zerbrachen etc.

Erklärung: die vom Erwachsenen formell aufgezwungenen Regeln bilden vor ihrer geistigen Assimilierung für das Kind kategorische Verpflichtungen – unabhängig davon, ob sie angewendet werden oder nicht. Gewinnen den Wert ritueller Verpflichtungen, verbotenen Dinge nehmen die Bedeutung von Tabus an. Von den Eltern ausgehende Vorschrift zieht Pflichtbewusstsein nach sich, gegen das spätere Meldungen der Eltern selbst spontan nichts vermögen. Moralischer Realismus scheint also einen doppelten Ursprung zu haben. Zum einen ist er Ergebnis des dem spontanen Denken des Kindes eigentümlichen allgemeinen Realismus, zum anderen ist er aber auch auf den Zwang der Erwachsenen zurückzuführen. (wird durch den Zwang der Erwachsenen stylisiert und gefestigt. (Unmöglichkeit, dem Kind keine Anweisung zu geben, die es nicht versteht, Unfähigkeit zur richtigen Erziehung)

Wie erklärt sich nun der Übergang vom Gehorsam zur Zusammenarbeit: von der objektiven zur subjektiven Verantwortlichkeit?

so ähnlich wie beim Murmelspiel: lediglich im letzten Stadium kann die Moral der Absicht über die der objektiven Verantwortlichkeit siegen. Nur Erfahrung kann zum tatsächlichen Verständnis (subjektiver Verantwortlichkeit) führen. Wunsch nach Gedankenaustausch zwischen Individuen nötig – zwischen Erwachsenen und Kindern jed. nicht ohne weiteres möglich, weil Ungleichheit ursprünglich zu groß ist und Kind eher Erwachsenen nachzuahmen und sich gleichzeitig vor ihm zu schützen versucht, als Gedanken auszutauschen. Man kann es unmöglich vermeiden, Kind Weisungen zu geben, die ihm gänzlich unverständlich sind. Situation des moralischen Realismus entsteht daher fast zwangsläufig aus einseitiger Achtung, kann nur durch ggseitige Achtung umgestaltet werden.

Zusammenarbeit und ggseitige Achtung ermöglichen Kind immer größeres Verständnis der moralischen und psychologischen Wirklichkeit – Wahrhaftigkeit hört allmählich auf, heteronome Pflicht zu sein und wird ein Wert, der auch durch das persönliche autonome Bewusstsein anerkannt wird.

Regel wird Kind umso verständlicher werden, je mehr es von ihrer Notwendigkeit überzeugt ist. Regel wird sich verinnerlichen und nur noch Urteile der subjektiven Verantwortlichkeit hervorrufen.

Diese Annahme bestätigt sich in der Untersuchung der Antworten auf die letzten beiden Fragen: warum darf man nicht lügen und dürfen sich Kinder gegenseitig belügen?

3 Etappen der Entwicklung in Antworten auf die Frage, warum man nicht lügen dürfe: 1.: Lüge schlimm, weil sie bestraft wird, wäre erlaubt, wenn nicht. 2.: Schlimm als solches unabhängig ob bestraft. 3.: Schlimm, weil Vertrauen und Zusammenarbeit entgegenlaufend.

Hypothese: Bewusstsein der Lüge verinnerlicht sich allmählich, und dies geschieht unter dem Einfluss der Zusammenarbeit. Bestätigt sich durch Untersuchung der zweiten Frage: die Lügen der Kinder untereinander werden zuerst als legitim angesehen, schließlich geächtet.

Allgemeine Schlussfolgerungen

Beim Kind scheinen zwei verschiedene Typen der Moral vorhanden zu sein (Heteronomie und Autonomie). Diese gehen auf Bildungsprozesse zurück, die aufeinander folgen, ohne eigene Stadien zu bilden (Man kann eher von bereichsspezifische Entwicklungsstände sprechen, die von den jeweiligen Entwicklungsbedingungen abhängig sind. Zudem kann Zwischenstadium umzeichnet werden.

Der erste Prozess ist der moralische Zwang des Erwachsenen, der zur Heteronomie und folglich zum moralischen Realismus führt. Der moralische Zwang wird durch die einseitige Achtung charakterisiert. Sie ist (nach Bovet) die Quelle der moralischen Verpflichtung und des Pflichtgefühls. (jede Weisung, die von einem Menschen ausgeht, den man achtet, ist Ausgangspunkt einer verpflichtenden Regel). Pflichtmoral ist daher in ihrer ursprünglichen Form im wesentlichen heteronom.

Der zweite Prozess ist die Zusammenarbeit, die zur Autonomie führt.

Zwischen den beiden kann man ein Stadium der Verinnerlichung und Verallgemeinerung der Regeln und Weisungen unterscheiden. Kind gehorcht nicht mehr lediglich den Befehlen der Erwachsenen, sondern der Regel selbst, welche verallgemeinert und in selbständiger Weise angewendet wird. (Bsp. Lüge: Man darf auch dann nicht lügen, wenn man nicht bestraft würde). Wenn sich jedoch die Entwicklung in die Richtung der Autonomie des Gewissens vollzieht, so ist sie noch nicht voll verwirklicht: Regel ist immer noch von außen aufgezwungen, ohne als Ergebnis des Bewusstseins selbst zu erscheinen.

Wie gelangt das Kind zur Autonomie? Entdeckung, dass Wahrhaftigkeit für Beziehungen gegenseitiger Sympathie und Achtung nötig ist. Autonomie tritt mit Gegenseitigkeit in Erscheinung, wenn die gegenseitige Achtung stark genug ist, im Individuum das innerliche Bedürfnis hervorzurufen, den anderen so zu behandeln, wie es selbst gerne behandelt sein möchte – wird in Kapt. III (Zusammenarbeit und Entwicklung des Gerechtigkeitsbegriffs) weiter untersucht.